Petra Samarah
weiter so war gestern

weiter so war gestern

Petra Samarah

Gedichte
aus 30 Jahren

Wuppertal 2022

Originalausgabe, September 2022
© Petra Samarah, Wuppertal
Alle Rechte vorbehalten
Herstellung und Verlag: BoD – Books on Demand, Norderstedt
ISBN: 9783756239009

www.petra-samarah.de

A wie Achim,
B wie Britta,
C wie Christian,
D wie Danke

Ich sage DANKE an …

… Achim, der mich seit einem Jahr hartnäckig drängt,
mich doch endlich in Stockholm auf den berühmten
Preis zu bewerben,

… Britta, die mit dem Auge der sensiblen Fotografin
und genauen Beobachterin viele meiner neueren Texte
gelesen und mir Rückmeldungen dazu gegeben hat,

… Christian, dessen Engagement für die Schreibwerkstatt
unter Coronabedingungen eine echte Herausforderung war
und ist, und unter dessen Regie meine Textsammlung zum
gebundenen Strauß geworden ist,

… meine Mutter, Freundinnen und Freunde, die mich zum
Schreiben ermutigt haben und ermutigen. Besonders meine
Mutter war mir mit ihren oft verblüffenden Kommentaren
eine der besten Kritikerinnen.

vorwörtlich

aussteigen
um nie
anzukommen !
oder ~~also~~ ~~vielleicht~~ (sogar)
~~das~~
garnicht erst
richtig
einsteigen ~~~~ ⟨ um ja nicht
~~anzukommen~~ ?
~~~~ vorbeugend
und niemals ~~~~ das Ziel
~~die~~ nirgends ~~~~ nicht festlegen
~~~~ ~~~~
die Koffer ganz ~~richtig~~ auspacken
ganz unterwegs ~~~~
damit
~~die~~ ~~~~ sicher
jederzeit
gepackt ~~ist~~
~~~~ ~~~~
~~für~~ den Aufbruch
für ~~die~~ nächsten
Zwischenstation ~~~~
wie lange ~~noch~~ ? ~~Wohin~~ ?

Unruhig
~~wie~~ wie Im Fieber
~~unruhig~~
bin ich
Ehin und her~~...~~ ~~freit am abend~~
(rastlos)
~~bin ich~~ gleich
~~wie~~ einem wilden Tier ~~das~~
~~der auf und ab~~
~~dass~~ auf und ab
vom Tag noch unbefriedet
ein Gegenüber sucht

~~eine Kraft zu messen~~
zu sparen eine Kraft ~~und~~
u. eine Anmut
~~(wann) bevorab~~ zur Nacht hin
Schlaf erfinden
ungetrübt von
Fieber träumen

das leere blatt papier

ein leeres blatt papier sei eine provokation
für jemanden, der schreibt, heißt es –
schlimmer als das ist die leere im kopf,
wenn ich mich hinsetze
um zu schreiben

wo ich doch voll sein müsste
angesichts dieser welt
großer und kleiner ereignisse,
beunruhigender und hoffnungsvoller entwicklungen
oder auch des dramatischen stillstands

könnte ich doch
dieses oder jenes zu papier bringen,
dokumentieren, kommentieren
oder fantasievolle gegenwelten schaffen,
könnte ich

wo ich doch genug stoff hätte
angesichts meiner eigenen kleinen welt
unspektakulärer alltagsereignisse,
verstörender verluste, ängste und einsamkeiten,
tröstlicher freuden und freundschaften

könnte ich doch
dieses oder jenes zu papier bringen,
niederschreiben, anschreiben
gegen die leerstellen in meinem leben,
das leere blatt in mir

schreib mal wieder!

schreiben
nicht nur um zu schreiben
mit stift und papier:
buchstaben vielerlei
aneinander, miteinander
leise töne, laute töne
fröhlich und traurig
ernst und heiter
sinnig und unsinnig

worte reihen
drauflos oder besinnlich
sparsam oder seitenweise
am liebsten spielerisch
form und farbe
rhythmus und klang
bis es mir passt
irgendwann

denken wollen

hoppla

    plötzlich war es da
    das klitzekleine etwas
    über den großen teich, egal ob diesen oder jenen
    wo wir gerade noch ungläubig die kopfe schüttelten
    über die fernsehbilder von denen dort
    mit dem allgegenwärtigen dingsda vorm mund
    und auch von den vielen toten

jetzt

    haben wir die auch bei uns
    tragen wir es auch, das stück vermeintliche sicherheit

überall

    in einer zeit permanent neuer verunsicherung
    unserer vermeintlichen freiheit und kontrolle beraubt

leiden

    am fehlenden leibhaftigen miteinander
    am zuwenig an körperlich wohltuenden ritualen

hoppla

    wir sind im zustand der dauerkrise
    brauchen neue, alte wege der kommunikation
    schreiben zum beispiel, auch persönliche briefe
    statt hoppladihopp kurznachrichten
    texte, die berühren
    nähe herstellen durch unser augenmerk
    auf das, was wesentlich ist
    texte, die anregen zum

denken

    über das, was die welt gerade durchlebt
    texte, die ehrliche veränderung einleiten

wollen

warum schreiben

will mich sortieren

meine eigene sprache finden für das von mir erlebte
ringen um das stimmige wort für das irgendwie gefühlte
und wörter aneinanderreihen, bis mir ein sinn entsteht

will mich in der welt verstehen

dem, was mich fassungslos macht, eine fassung geben
was in mir formlos oder vage ist, klar formulieren
und strukturieren, was mir einer inneren struktur entbehrt

will stellung beziehen

der welt und mir selbst einen spiegel vorhalten
zorn, ohnmacht, angst und freude in worte fassen
und wenigstens auf dem papier mich einmischen

will mir ernst und spiel verbinden

mit buchstaben jonglieren und wörter verdrehen
reimlos dichten und satzanfänge nicht zuende bringen
und auch, was nicht zusammengehört, in strophen binden

will den reiz nicht missen

ein wort im text zum x-ten mal zu ersetzen durch ein besseres
zeile für zeile, wieder und wieder, wörter neu zu reihen
und inhalte in formen zu gießen, bis mir eine davon passt

wie's gefällt

hoppla, wir schreiben noch
gedanken sind frei, heißts doch!

        hoppla
        oppla-h
        pla-hop
        la-hopp
        a-hoppl

der eine mags sachlich und kritisch
die andere liebts zart und sinnlich
der dritte wills schräg und utopisch

anton analysiert
berta kommentiert
cäsar politisiert
dora philosophiert
emil humorisiert

hoppla, wir schreiben noch
wie, ist unsere freiheit doch!

mal lyrisch
mal prosaisch
wozu, fragt der leser mich

        oppla-h
        pla-hop
        la-hopp
        a-hoppl
        hoppla

schreiben für uns, und auch für euch
ihr lesenden, wenn ich mich nicht täusch

poesie ist

kletterndes efeu am schmiedeeisernen pfahl
kahle baumkrone vor winterblauem himmel
borkenkäfers spur in einer baumrinde
orange blühende zaubernuss
schmetternder gesang des rotkehlchens
lichtspiel der wolken im fluss

vielleicht

graffitispruch auf grauer hauswand
tönende mechanik einer alten schreibmaschine
rostiger kaugummiautomat
verstaubte buchstabenstempel in kiste
im wind kreiselnde metallplastik
frühstücksdose eines kindergartenkinds

auch

hand in hand
augen andere augen suchend
weiße häupter betagter damen im bus
linien und narben im gesicht eines alten
gesicht eines kindes, das in eine pfütze tritt
blick eines menschen, der bald für immer geht

es gibt keine sicherheit
in der liebe
heißt es

wohl aber
gibt es versicherungen der liebe

vertragsfrei
verschenken sie
sicherheit auf zeit

beziehungsweisen

einmal

in deinem arm liegen, zum beispiel jetzt
und dann den ganzen morgen lang – das wäre schön

einen kompletten tag mit dir im bett vergammeln
abwechselnd mal du, mal ich oben und auch
mal nebeneinander – das wäre herrlich

einen langen abend mit dir tanzen
in gegenseitiger umarmung und
mit füßen, die funken sprühen –
das wäre himmlisch

heute nacht mit dir einschlafen
nebeneinander träumen
armverschlungen
aufwachen –
das wärs

nun

lass uns
sonnensatt und nackt
auf faulen pelzen liegen
uns eins schnurren
ganz genüsslich
vom erhitzten fell einander
silbrig glitzerndes nass
wegpusten
von den häuten
weißes meersalz lecken
tiefe spuren hinterlassen
von unserem glück
im sand

yo quiero

yo querido
  yo querio
    yo querbeetio
          you querkopfmio
    you quickfussmio
    you queer-io

yo quengelo, quengelo, quengolo
yoquio? yoghurtio? yoquerio?

yo te quiero!

beneidenswert

stets hängt dein himmel voller geigen
die bleiben nicht stumm
im land der träume

du pflückst sie nach und
nach aus ihrem blau

jede zu ihrer zeit

und lässt die saiten klingen
wie es dir gefällt

spielerisch, so scheint mir
werden deine wünsche wahr

nach den sternen zu greifen
hast du noch nicht verlernt

charme der unvollkommenheit

da ist er wieder
dieser freudenfunken
wenn er
        pinsel und paspel
        kreuzwort und raspel
aufrichtig suchend
sich verhaspelt
wenn er
        mächtige mäuse
        nutzen die schleuse
zweifelnd an sich
die stirn in falten legt
wenn er
        kinder in kissen
        schlafen und wissen
wild zu lachen
sich entschließt
        zwischen den sternen
        und unter dem stroh
        leuchten laternen und …

beste medizin

lachfalten in deinem gesicht
erinnern mich daran, dass wir
auch über uns lachen
könnten
statt uns weiter
mit düsteren mienen
zu bekämpfen

sag, wie heißt das zauberwort?

das kleine unglück
lachend verwandeln

lass uns
den zauber wagen!

der erste schritt

deine fehler stechen mir ins auge
die werfe ich dir an den kopf –
treffsicher schleuderst du mir
die meinen vor die füße
so weit so gut

nur

solange wir uns gegenseitig
nichts als zielscheiben sind
kommen wir nicht weit
das wissen wir beide

also

wer wirft den ersten stein
gegen sich selbst?

kraft des herzens

ja sagen
>trotz meines stolzes

nein sagen
>meine angst überwindend

fragen
>wogegen meine zunge sich sträubt

bitten
>worum du nicht bitten würdest

danken
>für das scheinbar selbstverständliche

lachen
>über unseren gnadenlosen ernst –
>das fast unverzeihliche

verzeihen

danke

dass du kommst
dass du mir zuhörst
dass du da bleibst
dass du mich aushältst
dass du mir widersprichst
dass du dir nicht alles anhörst
dass du zu gehen bereit bist
dass du mir grenzen setzt
dass du dir treu bleibst
so haben wir eine chance
uns zu finden

so ein jammer

wenn mich wieder mal
deine streunenden katzen
ins mauseloch jagen
wo deine elenden hunde
mir die ohren volljaulen
bis ich vor traurigkeit
starr und gelähmt bin
dann wünsch' ich mir
ich wär' ein helles huhn
und flög' dir einfach
laut gackernd davon –
wünsch' ich mir
ich wär' ein fettes schwein
und grüb' dich lachend
unter mir ein

pechvogel

im nacken die angst
verpatzt du unsere chance
zärtlichkeit
in den wind geschrieben
schnell die segel gesetzt
bevor es stürmisch wird
im herzen –
abenteuer nähe abgeblasen
suchst du stattdessen
wüstenwind
sternenhimmel
wogende dünen –
allein
am hafen der ferne
schaust du
ins auf und ab der wellen
verpasst mich

lebensrettende maßnahme

wenn sie ist was sie ist
die liebe
ein kind der freiheit
das erfüllung sucht

wenn sie ist was sie ist
deine liebe
ein steuerloses schiff
in stürmisch aufgewühlter see

ergreif den rettungsring
ins ungewisse spring
bevor du brichst am fels

kriegen

ich krieg dich
ich krieg dich
ich krieg dich
einfach
nicht mehr los
seit
du mich
verjagt hast
bin ich im krieg
mit dir

reisevorbereitungen

mit dankbarkeit
betrachte ich das glück
unserer gemeinsamen jahre –
jetzt packe ich es liebevoll
in meine schatzkiste:
die nehme ich mit
auf die reise

wohin bloß
mit dem rest?

ich mag es nicht mehr betrachten
mein unglück dieser zeit –
am besten, ich stecke es
in einen alten sack:
den lade ich ab
am straßenrand
auf halbem weg zwischen
dir und mir

auf halbem weg:
so viel gerechtigkeit
schulde ich unserem
gewesenen glück

zufallsgedicht

angenommen
und es ist ja abzusehen

arche noah

wer darf zuerst aufs boot?
wenn die erde

alte lieder neu

weiter / so / war

I. weiter

die geschichte der erde, vorgestellt als 24-stunden-tag:
darin der mensch, gerade mal die letzten fünf sekunden lang,
fünf sekunden entfesselte erfolgsgeschichte
aus leidenschaft, schweiß und blut

erdzerstörung im gnadenlosen wettlauf um profit:
mit »weniger« begnügte sich die menschheit nie,
die riege der gewinner hütet ihre pfründe
und macht die schotten dicht

die mächtigen können sich auf uns verlassen:
auf egoisten und verführbare,
ehrgeizige und ehrlose,
habgierige und habenichtse

die verlierer kämpfen ums überleben

II. weiter so?

was zählt ein leben,
solange der mensch
anderes leben tötet und abschlachtet, ohne mitgefühl
die eigenen söhne und töchter opfert?

was zählen natürliche vielfalt und schönheit,
solange wir erde, wasser und luft vergiften,
den tod der arten in kauf nehmen, respektlos
weiter wachsen wollen, konsumieren?

was zählt das blaue wunder planet erde,
solange wir seine klaffenden wunden hinnehmen,
bagger, fangnetze und raketen losschicken, ohne demut
seine ausbeutung und vernichtung betreiben?

wie viele sekunden noch?

III. weiter so war

unsere luft zum atmen ist dünn geworden,
unsere wasser spucken keine fische mehr aus,
unsere böden geben schlechte ernten –
wir verzehren unseren eigenen müll!

unsere alten energiestoffe sind verschleudert,
unser biologischer reichtum vernichtet,
unser natürliches kapital verramscht –
nicht erst ein virus setzt dem wachstum ein ende!

unsere kriege schicken ihre verlierer über die ländergrenzen,
habenichtse und zukunftslose drängen unaufhaltbar vorwärts,
schwarz steht auf gegen weiß, ohnmacht gegen macht –
die jungen fordern ihre zukunft ein!

weiter so war gestern

unsere kriege im frieden

wir nehmen frieden als uns – mit etwas glück – gegebenes,
führen derweil unsere kleinkriege, privat und beruflich,
schütteln ungläubig den kopf über kriege, katastrophen anderswo –
wir

die wohlhabenden kriegen den hals nicht voll,
berauben andere ihrer überlebensgrundlagen,
lassen es sich besser gehen und jammern trotzdem –
die wohlhabenden

wenige besitzen über die hälfte des weltweiten vermögens,
sorgen, wenn nötig blutig, für wirtschaftsgesetze zu ihren gunsten,
nehmen korrupte politiker und gewalttäter unter ihren schutz –
wenige

staatsführer, nationalistisch und rassistisch, sind wieder salonfähig,
brechen hart erkämpfte friedliche allianzen und verträge,
demonstrieren zuhause unschuld, lassen andere ihre kriege führen –
staatsführer

faschisten zeigen sich wieder selbstbewusst auf den straßen,
sitzen in immer mehr (schein-)parlamenten der welt,
erobern schleichend die öffentliche sprache zurück –
faschisten

demokraten mit aufrechtem gang haben es immer schwerer,
werden zu gutmenschen deklariert, zu staatsfeinden oder terroristen,
verschwinden überall auf der welt von der bildfläche, irgendwie –
demokraten

die meisten von uns sind weltweit vernetzt, tag und nacht,
surfen durch virtuelle welten, auch die armen
leben mit gefährlichen fake news, oft ohne es zu wissen –
die meisten von uns

familien kämpfen um ein finanzielles auskommen, hier wie dort,
wohnen zu eng zusammen oder zu weit auseinander,
lassen mancherorts roboter ihren alten zuwendung vorgaukeln –
familien

kinder müssen immer schneller erwachsen werden, überall,
bewegen sich immer häufiger nur noch auf dem bildschirm,
arbeiten und sterben noch immer früher, andernorts –
kinder

mensch bereist die welt weiter, schneller, beliebiger,
dringt in die verstecktesten winkel des planeten vor,
liest, hört, sieht fern, interessiert sich trotzdem zu wenig –
mensch

als wir noch flogen

als wir noch flogen

fragten wir nicht, was wir dürfen oder sollen
wir flogen einfach, ohne erlaubnis, egal von wem
sagten, was wir meinten, woran wir glaubten, unzensiert
und taten, was wir für richtig hielten

als wir noch flogen

hatten wir keine angst, jemandem zu missfallen
keine furcht vor konsequenzen, vor dem absturz
wir erhoben uns über alles, was uns missfiel, zum beispiel das unrecht
und feierten das glück, wo und wie immer es uns erschien

als wir noch flogen

verloren wir manchen, gewannen wir manchen freund
zusammen segelten wir hinweg über alles,
was andere »die realität« nannten
und hielten den blick stets in richtung horizont

als wir noch flogen

in auschwitz gab es keine vögel

in auschwitz gab es keine vögel
berichtet der überlebende heiner

denke ich:

wenigstens die vögel weigerten sich
der himmelschreienden grausamkeit beizuwohnen
die die bestie mensch
ihresgleichen zufügte, erbarmungslos

wenigstens die vögel weigerten sich
dummheit, hass und sadismus zu besingen
wegen derer millionen menschen
in lager und gaskammer krepierten

wenigstens die vögel weigerten sich
die mörder und deren helfer gut zu unterhalten
anders als die wenigen häftlinge im orchester
die so ihr leben zu retten hofften

wenigsten die vögel weigerten sich
den todgeweihten hoffnung vorzugaukeln
fliegend von freiheit zu künden
wo sehnsucht stinkend in den himmel stieg

in auschwitz gab es keine vögel

gedenken I

in den gehweg hinein geklopft, bürgernah
versenktes erinnern, metallen, kühl gefasst
und trittfest gegen stiefel jeder art
zehnmalzehn quadrat gedenken:
klein genug, dass mensch aufmerken kann, aber nicht muss
tief genug, dass mensch stolpern kann, aber nicht muss
nur so viel glanz, dass mensch hinsehen kann, aber nicht muss
mahnmal als wohl dosierte zumutung:

    hier wohnte
    *eingravierter name
    *geburtsdatum
    *datum der auslöschung oder des
    *ort der auslöschung oder des
    verschwindens

nachbar, nachbarin einst:
vater, mutter, kind
mutter mit ihrer mutter
vater mit seinem vater
ehepaar mit seinen eltern
einer oder eine
allein

manche menschen sind der ansicht
so würden die opfer weitere male mit füßen getreten

deshalb
wer vorbei geht: zeige respekt!
wer stehen bleibt: lese!
wer liest: denke nach!

gedenken II

genau diesem da unter den millionen opfern widmete man
                                    einen stolperstein –
die ungezählten täter und die, die zuschauten, zeigen
                          auf den straßen kein gesicht

gäbe es aber stolpersteine mit den namen derer, die mordeten
oder wegschauten,
faschisten und ihren profiteuren, mitläufern und verführten,
wären die straßen mit ihnen gepflastert
dann bemerkte sie in der menge keiner mehr
dann guckte keiner mehr hin
dann dächte keiner mehr: ach! ach, der auch? und die?
dann fragte keiner mehr: wozu das ganze?
– diese zumutung wäre unzumutbar groß

doch gäbe es stolpersteine mit den namen derer,
                          die widerständig handelten,
den wachsamen, mutigen und unbestechlichen
oder auch einfach nur barmherzigen,
dann wären unsere bürgersteige hoffnungsträger
dann spürte manch einer, der innehielt, mitgefühl statt mitleid,
stolz statt scham
dann begleiteten vorbilder den schulweg unserer kinder –
solches gedenken wäre ermutigung

kranich

glück verheißender sonnenvogel

wo warst du,
als amerikas bomber gen japan flogen,
die todbringenden waffen an bord

langbeiniger hüter der wachsamkeit

wo warst du,
als glühendes eisen vom himmel fiel
und abertausende von menschen starben in der feuersbrunst
morgens im august oder später, strahlenverseucht

beschwingtes versprechen für ein langes leben

wo warst du,
als sadako sasasi, fünfzehnjährig, papierkraniche faltete,
tausend stück gegen ihren leukämietod, vergeblich

graziler tänzer des friedens

wo warst du,
als islamisten das world trade center in new york rammten,
den grauenvollen tod zigtausender erzielend

gepriesenes himmelswesen in ost und west

wo bist du,
wenn heute in syrien, der ukraine und anderswo bomben fallen
und nukleare rüstung weltweit noch immer alltag ist

ferociter

j. b. will nach oben
mit cowboyhut und cowboystiefeln:
der reichste mensch der erde
startet so privat in den weltraum

gradatim, also: schritt für schritt
steht auf seinen cowboystiefeln, und
ferociter, übersetzt:
herzhaft, mutig, übermütig, trotzig,
unbändig

ein paar minuten schwerelosigkeit
im dienst der menschheit, angeblich

52 jahre nach dem ersten schritt
eines menschen auf den mond
jagen j. b. und seine weltraumfirma
blue origin
ihre zukunftsvision in die verpestete luft

ferociter, übersetzt auch:
wild, heftig, brutal, grausam,
schonungslos

armutszeugnis

dass *armut*
viele gesichter hat,
        ist so bekannt, wie es die ursachen von armut sind

ob *arm sein*
selbst verschuldet sei,
        ist meist eine frage aus dem mund reicher

während wenige
reiche immer reicher werden,   gesellt sich *arm* zu *arm* zu *arm*

aber je mehr
armut auf den straßen sichtbar,   desto mehr schauen wir weg

denn zu viele
arme machen angst   vor schmutz, krankheit, siechtum

wenn *armut*
schon stinkt,   dann stinkt mancher reichtum zum himmel

weil *armsein*
immer nur so würdelos ist   wie übermäßiges reichsein

damit endlich extreme
armut ein ende hat,   müssen wir also reichtum teilen

falls du also
glück hast, reich zu sein   oder mehr hast als *arme*, dann teile!

vorbei gehen

dieser mann auf der straße
wie alt?
haare zerzaust, verfilzt
unruhig wandernde augen
fiebrig im fahlen gesicht
die klamotten ungewaschen, stumpf
der alte rucksack
auf ewig denselben wegen
tagein, tagaus
dieser mann auf der straße
ewig allein

er könnte dein bruder sein
zwischen all den anderen
flanierenden, hastenden, viel beschäftigten
könnte sie deine schwester sein

ohne gesicht
hockende am bahnhofsvorplatz
eingefroren in immer gleicher pose
kopf und rücken in tiefer verbeugung
die arme verschränkt unterm
weit fallenden kleiderstoff –
nur ein stück gegerbte hand
am metallschälchen vor sich
wortlose bitte
an die vorübereilenden

>

zwei fremde in der eigenen stadt
zwei von vielen glücklosen
um würde ringend

sie könnte, er könnte
du sein, ich –
lass uns wenigstens hinschauen

handgepäck

adressen
abschiedsbriefe
ängste   ausweis
brot   buch
diplome   dicke jacke
eine handvoll heimaterde
ersatzbatterie familienfotos feste schuhe
feuerzeug folien gabel handy hoffnung
kamm kerzen löffel mütze narben papier
pass plastikplane plastiktüten sandalen
schmuck schwimmweste sehnsüchte
seife sicherheitsnadeln socken stifte
taschenmesser telefonnummern tränen
träume trinkbecher trockenobst urkunden
verletzungen warme jacke unterhosen
wasser wasserdichte tüten zahnbürste

du fragst

dieser eine aus der überzahl der gestrandeten
in den lagern auf lesbos und anderswo:
von engagierten helfern umsorgt
und ins hoffnungsland ausgeflogen –
war er die mühe wert?

frag abdulkarim, seine verwandten und freunde!

die zahllosen in den lagern der insel zurückgehaltenen:
familien, kinder und erwachsene, entmutigt,
den weg in ein besseres leben weiter zu wagen,
die meisten mehrfach entwürdigt, bedroht und verletzt –
geht so menschenrecht?

frag die schwestern und brüder abdulkarims!

die bewohner von lesbos, ungefragt belagert und in sorge
um ihre eigene zukunft und die zukunft ihrer kinder:
im stich gelassen vom restlichen europa,
das, sich selbst am nächsten, die schotten dicht macht –
wie lange machen sie das noch mit?

frag die griechen und griechinnen!

die zahllosen helfer und helferinnen aus aller welt:
augenzeugen von willkür und schreiendem leid,
das, ungebremst selbst nach einem verheerenden lagerbrand,
von den mächtigen in europa nicht anders gewollt –
was wollen diese gutwilligen da erreichen?

frag die helfer und helferinnen selbst!

unzählige menschen ohne zukunft für sich und die ihren:
jenseits des vermeintlich sicheren hafens noch hoffende,
kriegsopfer und andere bedrohte, verzweifelt auf der suche
nach sicherheit und perspektive, auch in europa –
was sind wir bereit, ihnen zu versprechen?

frag die weltgemeinschaft

du, zuschauer aus den komfortzonen der welt:
von schreckensnachricht zu schreckensnachricht gejagt,
ohnmächtig und verängstigt ob flüchtlingselend,
grausamkeit und not in den jeweiligen herkunftsländern –
was bist du trotz allem bereit zu tun?

frag dein herz!

wir paten nicht

wir paten nicht
wir schieben von uns weg
        schieben ab, schieben zu
wir lassen andere bezahlen

die schützlinge bleiben auf der strecke

        andere zahlen für ihr nicht-aufnehmen
        für unser nicht-mehr-aufnehmen
        unser nicht-paten

die abgeschobenen ihrer hoffnung beraubt

        die abschiebenden pflegen ihre kleinmütigkeit
        präsentieren diese öffentlich als großmut
        oder auch als notwehr

        die zahlenden pflegen ihre ignoranz
        lassen sie sich teuer zu stehen kommen
        ihre sogenannten abschiebepatenschaften

manche von uns schämen sich

den kindern von moria

moria, gesegnetes land, wo abraham
seinen sohn auf einem altar schlachten und
in brand stecken wollte,
auf geheiß seines gottes
ihn aber verschonte

kinder von moria: isaak hatte noch glück!

moria, ort im paradies, wo kinder
auf der flucht vor so genannten gotteskriegern
und anderen übeln
gestrandet sind, oft elternlos
und hoffend auf etwas, was zukunft heißt

kinder von moria: eure gegenwart ist teil der unseren!

moria, inselflecken, wo jedes kind lernt
was fremde heißt und ausgegrenztsein,
sich selbst überlassen, verlassen oder verloren –
was es bedeutet, verlierer zu sein
und wie warten zur hölle wird

kinder von moria: vertraut nicht auf einen barmherzigen gott!

moria, grüne erde, wo jungen und mädchen
zwischen plastik und blech im schlamm spielen,
für fertignahrung dreimal täglich schlange stehen –
zeugen verordneter untätigkeit der erwachsenen
und manchmal opfer von deren hilfloser wut

>

kinder von moria: an euch wird sich menschlichkeit messen!

moria, elendsort unter vielen, wo mädchen
zur angst vor männern erzogen werden
und jungen zum recht der stärkeren
angesichts der tödlichen hoffnungslosigkeit
hinter zäunen, wo rettung nicht gewollt

überlebende von moria: unsere zukunft in euren händen!

(nachspann oktober 2020)

moria, verbrannte wüste, wo verzweifelte das feuer legten
und menschen mit ihren kindern erneut fliehen mussten
auf den nackten straßen der insel –
tagelang ohne wasser, essen und dach über dem kopf,
ohne arzt und medizin

kinder von moria: eure narben sind auch unser werk!

moria, unrechtslager in schutt und asche, woraus kinder
entkamen, körperlich vielleicht unversehrt,
doch mit schreckensbildern in köpfen und seelen –
heranwachsende voller angst, wut und unverständnis
angesichts einer gegenwart ohne hoffnung

kinder von moria: wir fürchten euren zukünftigen hass

moria, nur eins von vielen lagern, wovor die welt
augen und herzen verschließt –
aus angst vor überfremdung, werteverlust und terror
kindern mit ihren familien eine bessere zukunft verwehrt,
und so die saat der gewalt streut

kinder der ganzen welt: lasst diese saat nicht aufgehen!

mahnung

nicht fürchten
sollten wir diejenigen,
die bei uns zuflucht suchen:
väter, mütter, jugendliche, kinder,
aus ihrer heimat geflüchtete,
ihre haut zu retten oder
sich eine zukunft zu bauen
aus eigener kraft

fürchten
sollten wir viel mehr diejenigen,
die auf abschreckung setzen,
es als vernünftig und alternativlos preisen,
verzweifelte und gedemütigte menschen
erneut zu demütigen,
der ohnmacht auszusetzen,
ihrer hoffnung zu berauben
durch gnadenloses festhalten
über monate und jahre
in lagern ohne menschenwürde

sicher fürchten
müssen wir das unverständnis, die wut,
vielleicht den hass der zufluchtsuchenden,
besonders der jungen menschen,
dafür, dass sie daran gehindert werden,
sich eine – wenigstens in ansätzen –
sichere zukunft
zu erschaffen

gelöbnis

ach, die da oben
die denken doch sowieso nur an
die tun doch nur so als ob

hoch und heilig

habt ihr uns doch
ihr seid doch diejenigen, die
hättet ihr damals mal

versprochen

wir wären zu wirklich allem
sicher würden wir gerne, aber
wir hatten es uns ganz fest

vorgenommen

aber der mensch ist eben von natur aus
der staat müsste endlich mal was
die kirche hat doch schon damals nichts

unternommen

aber mein hat schon wieder nicht
dein kümmert sich nie um
sein ist schuld daran, dass

nicht eingelöst

>

du könntest endlich auch mal
du wolltest doch schon längst
du hattest mir doch definitiv

das blaue vom himmel

ich hätte ja auch schon längst, aber
ich kann nicht solange
ich fange bestimmt damit an, wenn

du er sie es wir ihr die

querdenker I und II

querdenker I   *frei nach de bono*

tanze denkend aus der reihe,
indem du frech das subjektive wählst –
nimm mutig und frei dir die fakten vor

springe gedanklich aus dem karree
und verrücke ideen von hier nach da und dort –
den rahmen des analytischen sprenge getrost

schwimme im geiste gegen den strom
und finde eigene zugänge zum längst vertrauten –
den konventionen munter ein schnippchen schlage

steige im kopf über hindernisse hinweg
und frage mehr, als du zu antworten bereit –
mach dir die realitäten nur nicht so leicht

setze vielleicht sogar dich selbst aufs spiel,
indem du höchst unbequeme thesen wagst –
fest zementiertem glauben widerspreche ruhig

stehe gerade für dein gedankenspiel,
ohne kritik oder sackgassen zu scheuen –
auf umwegen, vielleicht, lösungen finde

querdenker II

zahlen und fakten verrenke,
das prinzip des gemeinwohls versenke

deinen unmut gegen alle obrigkeit lenke,
jeglichen zweifel entschieden verschenke

die schiere lust am protest bedenke,
stets starke sprüche im diskurs anwende

und ach, deine angst umlenke!

aufwecklied

weißt du, wie viel sternlein stehen
an dem blauen himmelszelt?
wie viel plastiktüten wehen
über diesen oder jenen belt?
nicht *ein* mensch hat sie gezählet,
wichtig nur, dass ihm nichts fehlet,
behält die unbegrenzte wahl
behält die unbegrenzte wahl

weißt du, wie viel hühner darben
in den ställen dieser welt?
wie viel tiere täglich sterben
durch die schlächter gegen geld?
auch der metzger wills nicht wissen,
denn kunde könig mags nicht missen
auf seinem teller wunderbar
auf seinem teller wunderbar

weißt du, wie viel gülle fließet
auf die felder dieser zeit?
wie viel gas nach oben steiget
aus kuhgedärmen, ach, weltweit?
gott im himmel mags nicht gefallen,
dass müll und abfall sich tun ballen,
wo er leben hat gewollt
wo er leben hat gewollt

bitteres erwachen

er

er ist bitterböse
er war schon als kind so
er ist ein lügner
er hat schon als junge
er ist durch und durch

er ist eiskalt
er ist narzisst genau wie
er ist unberechenbar
er ist völlig
er ist einfach nur

in seinen augen ist hass
er regiert mit eiserner faust
er schürt angst und schrecken
er will den sieg mit *allen* mitteln
er ist nicht zu stoppen

wir

wir haben ihn unterschätzt
wir hätten es besser wissen können
wir haben uns an der nase herumführen lassen
wir hätten ihn doch viel früher
wir haben schon zweitausendvierzehn

wir haben seine warnungen nicht gehört
wir haben seine interessen vom tisch
wir sehen nur unsere eigenen ziele
wir haben ihn ganz und gar
wir machen immer die gleichen

wir haben nach seiner angst nie gefragt
wir haben im zweifelsfall weggeschaut
wir haben ihn zu lange ignoriert
jetzt haben wir die bittere rechnung:
wir haben krieg in europa

zukunft kinder

auf ihrem lehrplan stehen erfahrungen
an oberster stelle, gefolgt von spiel

sie lernen mit vorbildern statt von lehrern
ihr größter lehrmeister ist die natur

wann immer sie ernste fragen stellen
bekommen sie ehrliche antworten

sie nehmen ihre rechte in anspruch
wachsen an aufgaben, nicht an pflichten

wer mit ihnen zukunft verhandeln will
muss an die frische luft, wetter egal

jedem streit muss eine einigung folgen
aug in aug die gegner am ende des tags

bei allen wichtigen entscheidungen
zählt ihre meinung doppelt per gesetz

ihre partei ist die der warmherzigen
sie lassen niemanden im stich

sie säen, pflücken blumen, pflanzen bäume
sprechen mit den tieren

in wiesen träumen sie uns bessere welten
denkpausen sind pflicht für alle!

aussichtslos zu sagen ist verpönt
und lachen ist die beste medizin

krieg in europa

krieg rückt
  rückt rückt
    rückt rückt

      ___ ___ ___

        rückt rückt rückt
          rückt   rückt rückt   rückt
            rückt   rückt   rückt rückt rückt
              rückt rückt rückt rückt rückt rückt
                rückt rückt   rückt   rückt   rückt
                  rückt rückt rückt rückt rückt rückt rückt
                    rückt rückt rückt rückt rückt rückt rückt rückt
                      drückt rückt drückt rückt drückt uns auf's gemüt
                      drücktdrücktdrücktdrücktdrücktdrücktdrückt
                      drücktdrücktdrücktdrücktdrücktdrücktdrückt
                      drücktdrücktdrücktdrücktdrücktdrückt
                      drücktdrücktdrücktdrücktdrückt
                      drücktdrücktdrücktdrücktdrückt
                      drücktdrücktdrücktdrückt
                      drückt drückt drückt
                    drückt   drückt
                  drückt   drückt
                drückt drückt
              angst drückt

ach so nah (kriegszyklus)

times they are a changing
höre ich im radio
wait again for better gods
lese ich an der wand eines bühnenbilds
haltung und hoffnung
wünscht mir der titel für festspiele –
in der fünften woche des nahen kriegs
zweifle ich an allem, was zukunftswärts

nie wieder krieg!
wir wissen es besser schon lange schauen wir anderen bei
ihren kriegen zu finanzieren sie allenfalls aber unsere soldaten
bleiben außen vor solange unsere verbündeten uns nicht aber
waffenexporte gehen trotzdem schließlich muss unsere
wirtschaft wir geben ja auch reichlich und spenden ja die
deutschen spenden gerne aber irgendwann ist auch mal
schluss das nimmt ja gar kein ende die länder müssen ihre
korrupten machthaber absetzen die terroristen sind doch
auch hausgemacht da müssen die selber ran nicht immer die
anderen aber diesmal ist alles anders diesmal geht es um
unsere freiheit im westen um unseren frieden da können wir
uns nicht auch noch um terroristen und flüchtlinge anderer
länder da reichen die die hunderttausendfach zu uns
wenigstens sind das keine und unser feind nummer eins ist
jetzt sowieso der eine terrorist der schreckt doch vor gar
nichts den sollten die russen sich selber vornehmen der
gehört von denen bevor er uns alle ins verderben diesmal
ist alles anders.

ihr werdet betrogen
das hier ist krieg

so oder ähnlich stand es auf dem plakat
im russischen fernsehen
den mut einer zweifachen mutter
ihren landsleuten
den spiegel vorzuhalten
macht mir mut, auch wenn *ich*
ihren mut nicht hätte
    (marina owssjannikowa, journalistin)

russen dürfen nicht wissen russen dürfen *das wort* nicht
aussprechen sollen glauben was der da oben ihnen schon
seit jahren sogar seine engsten vertrauten wagen keinen wen
wunderts wenn die russen denken sie würden das nachbarland
von faschisten befreien und ihren herrscher unterstützen
allenfalls die paar journalisten die hinter die kulissen und die
paar anderen die mutig genug und leider auch die soldaten
die am eigenen körper dass es sehr wohl um krieg geht sicher
nicht um leben von menschen egal auf welcher seite der
fronten die zum angreifen georderten müssen erkennen dass
das nachbarland sie hasst dass russen nicht willkommen
vielleicht sogar nie wieder

raketen auf
mil tärs üt pu   te, raketen auf
en rgi ze   ren, raketen auf
w h bloc s und sp e pl tze, auf
kr nk   hä s r und k nd   hei e
  nd vieles mehr –
zu viele verlierer
auch in diesem krieg:
kinder, frauen, männer
zivilisten und soldaten
menschen verlieren

alles, was einmal ihre zukunft war –
keine sieger
nirgendwo

und der frühling ist da
parallelwelt *hier:*
spriesst grün, blüht weiß und
rosa und sonnengelb –
gefühlter frieden
bedroht vom schwarz und grau
und rot des krieges *dort*

es gibt wieder *helden* neue alte *männlichkeit* kämpfen bis
zuletzt verteidigen ihr *vater*land unter ihrem *führer* die guten
trotzen dem bösen *aggressor* frauen brauchen *beschützer*
sollen in den keller oder fliehen ihr heldinnentum das leid
ihrer kinder zu begrenzen mutters land interessiert keinen
kinder werden nicht gefragt kinder müssen mit egal wohin
männer tragen fotos ihrer lieben in der brusttasche zuflucht
in kampffreien minuten ohne heldentum wenn sie glück
haben werden ihre kinder einmal keine fotografien ihrer im
krieg gefallenen *väter* kinder brauchen vorbilder

wird's besser? wird's schlimmer?
fragt sich mensch bang
angesichts des anhaltenden krieges
die vorstellungen davon, was besser,
was schlimmer, differieren
je nach standort derer, die die frage stellen –
glücklich, wer nur über steigende
spritkosten nachdenken muss, und
seien wir ehrlich:
leben ist immer lebensgefährlich

und das möchte ich jetzt einmal deutlich sagt eine in
deutschland lebende ukrainische frau im radio ihre familie
inmitten der kriegslandschaft der ukraine das sollen sie wissen
die russen ich werde sie immer hassen für das was sie meinem
land ich hasse *sie alle* sie wollen nicht wissen wollen nur ihre
ruhe in mir nur wut und hass das ist der motor meiner
landsleute die für unser land kämpfen ich würde am liebsten
auch aber ich muss hier geld verdienen für meine familie ich
habe noch nie eine waffe aber den mut zu kämpfen hätte ich
ich werde ihnen nie verzeihen das verspreche ich

    in kriegszeiten, heißt es,
    steigt die rattenpopulation –
    seit tagen kämpfe ich
    gegen eine ratte, die
    in meiner küche ihr unwesen treibt –
    der mann im kreml soll
    angeblich gerne erzählen
    er habe das kämpfen
    von den ratten gelernt:
    in der ecke stehend angreifen –
    ich rüste mich mit einer waffe,
    stelle mich in eine ecke meiner küche
    und warte

ich mag sie nicht mehr *sehen* die wiederkehrenden fotos von
leichen zerfetzten körpern von menschen jung und alt
zerschossenen leibern gesichtern nicht *hören* müssen die
schreie der verletzten ihre hilferufe das jammern der kinder
und alten auch nicht ihr verstummtsein nicht *riechen* die
allgegenwärtige verwesung angst wut nicht *schmecken* das blut
der verwundeten den staub der zerbombten städte nicht *spüren*
die angst die verzweiflung den hass ich möchte nicht ständig

daran *denken* dass menschen wie du und ich töten verrecken
verhungern in diesem nahen land genau so wie anderso fern
(am tag nach dem massaker bei kiew)

GEBET:
mögen mensch
und tier
in allen ländern
des krieges
endlich
frieden finden

ich weiß nicht was ich *tun* soll, sagt eine frau und mutter in
deutschland mein auto hier ist seit kriegsbeginn dort immer
voll getankt für den fall der fälle aber wohin? meine eigene
mutter war im zweiten weltkrieg mit drei kindern auf der
flucht hat immer davon erzählt hätte nicht gedacht dass jetzt
ich fühle mich so hilflos in mir nur schwarz und angst zuletzt
hatte ich das als junge frau nach der totgeburt meines ersten
aber da konnte ich wenigstens jetzt denke ich nur verstehe
nicht warum gibt es irgend etwas tröstliches was kann ich tun?
beten vielleicht

während im kriegsgebiet
menschen weiter
um ihr leben kommen,
stirbt meine 91-jährige tante
schmerzgeschüttelt
im pflegebett zuhause –
glücklich, wer so stirbt,
sagt man zu recht:
im eigenen heim
professionell unterstützt,

begleitet von einigen lieben –
diese zeit ist kostbar,
zeit, die im krieg
die wenigsten haben:
statt dessen
brutale tode, auseinander
gerissene leben

verstörende bilder mit gräueltaten erinnern an eigene
kriegserlebnisse von früher im heute als wenn es gestern wäre
vergangene schrecken verzweiflung ängste es heißt mancherorts
versuche man alte menschen in heimen gegen nachrichten aus
dem kriegsland abzuschirmen trotzden leidet eine alte demente
dame im pflegeheim seit geraumer zeit unter unerklärlicher
angst angst lässt sich nicht aussperren nirgendwo

dass die deutsche regierung
milliardenhilfen und waffen gibt
für einen krieg, der den wenigsten nützt
dass verhandlungen mit dem gegner
nicht mehr reichen sollen und
harte sanktionen genauso wenig
erwünscht sind wie ihre konsequenzen
dass nach acht wochen krieg
jetzt doch deutsche panzer
geschickt werden, das alles
schockiert, verstört, lähmt

aber es macht verzweifelt
und wütend, dass
deutschland wieder aufrüstet
koste es, was es wolle
präventiv, wie es heißt,

sogar mit nuklearwaffen
um das überleben »unserer werte«
zu retten
statt das unserer mutter erde
und seiner bewohner

das erste opfer des kriegs ist die wahrheit schreiben kritische
deutsche medien tag für tag wenn sie über diesen neuen alten
krieg berichten ein zeichen der demut vielleicht trotzdem frage
ich welche wahrheit ist die wahrheit zu viele *wahrheiten* auch
in sogenannten friedenszeiten egal wo es gab es gibt immer
interessen und ihre vertreter vielleicht gibt es statt wahrheit
nur noch *fakten* zum beispiel dass mensch und tier in kriegen
grausam sterben oder dass städte wie mariupol in schutt und
asche

wird's besser? wird's schlimmer?
fragt sich mensch bang
angesichts dieses fest gefahrenen krieges –
die vorstellungen davon, was besser,
was schlimmer, differieren
je nach ausgangslage derer, die fragen,
je nach erfahrung, wissen und moral –
glücklich, wer noch über steigende
lebenskosten nachdenken darf, und
seien wir ehrlich:
leben ist immer lebensgefährlich

U. a. unter Verwendung des Silvestergedichts von Erich Kästner:
»Wird's besser? / Wird's schlimmer? / fragt man alljährlich. /
Seien wir ehrlich: / Leben ist immer / lebensgefährlich.«

mathematik des todes

wo hundert soldaten täglich sterben,
bleiben dem kleinen land
mit der viel kleineren armee
wie viele tage bis zum aus?

          das große land liefert
          menschliches kanonenfutter
          ohne limit

wo hunderttausende
hungern oder von hunger bedroht
mangels getreide
aus dem kleinen land:
wie viele wochen, monate
bis zur kalkulierten massenflucht
nach europa?

          das große land verschifft diebesgut
          unter eigener flagge
          nach gutdünken

wo millionen europäer
ängstlich auf preise starren,
den verordneten verzicht bekämpfen
und den fernen despoten fürchten:
wie lange noch gesichertes
wüten im kleinen land?

          das große land verleibt sich ein,
          was übrig bleibt

in sjewjerodonezk und anderswo
könnte es aufgehen,
das zynische kalkül
dieses kriegsherrn,
wenn
wenn nicht

anagramm (oder so) mit hund

hund klaut hose
kaut hund! (was wohl?) – hol es (zurück)!
klose haut hund
(und)?

spielweisen

I. verLautbarungen

drei dialoge

I

hallo!	!ollah
und?	!ralk sella
und die frau?	.yako
was machtse?	.remmi eiw
ach so.	?ud dnu
okay.	?etshcam saw
's übliche.	?dnuh red dnu
wie immer.	.tug tgnilk
na ja.	?aj an
halt so.	.nnad an
na dann.	!ssühcst

II

!	!
?	.
?	. ?
....	..., ...
?	..., ..., ..., ..., ...,
	..., ..., ..., ..., ..., ..., ...,
	..., ..., ..., ..., ..., ..., ..., ...,
	..., ..
!	?!

III

guckt	nickt
–	–
–	–
nickt	nickt

blabla

bla   bla
plappa plappa plapp bla plupp
blabla   plapperplapp plapp blupp
bla plapper plapper   plappperplapp bla blupp
plapperplapperplapper   plapperplapperplapperplapper
bla bla   plapper   plapper plapper plapp
blabla plapper   plapperplapp   bla   bla
bla   bla plapper   plapper plapp blabla blupp
bla   plapperlaplapper bla
laplapplaplapp

blabla laut duden

Blabla, das

Wortart:
Substantiv, Neutrum

Bedeutung:
leeres Gerede, nichtssagende [aber anspruchsvoll
klingende] Äußerungen

Deklination:
Nominativ: das Blabla
Genitiv: des Blabla, des Blablas
Dativ: dem Blabla
Akkusativ: das Blabla

mundschutz international

s
d   a
ie   w
w
e
lt
zu
sa
mm
en
h   l
ä

n
n   e
t   r
t
n
e
lt
e
w
a   di
s

خلق mbyllur クローズ ဝတ်သိမ်ɔ: zatvoren geschlossen
closed затворен סגור 封闭 무료 besplatno lukket
suletud suljettu fermé κλειστό બંધ chiuso Lokað
मुफ्त gratis ענאמראפ slēgts uždarytas gesloten
نا گیلر zamknięta fechado închisă itxi закрытый
besplatno zdarma ücret -siz تفم miễn phí fermita

                                              kr
                                     kr kr kr
                                 kr kr kr   kr
                              krkr   kr
                      kr
                    kr
                  kr
                krkr
              kr kr   kr
            krkr kr   kr kr
          kr
        krkr kr
      krkr
    kr kr
  kr
kr
 krkr
  krkr kr
   krkr kr kr
     kr
      krkr   kr
       krkr kr
        kr
           krkr   kr
             kr   kr
              kr krkr   kr
               kr kr
                 krkr
                  kr
                       kr

twit twi   witwi twi

witwit   twiwit   switwi

zwit swit swit   wit wit

swit swiwi wit zwiwit zwit

zwit   zwit   **zwizwi**

zwit   zwit zwi zwi zwit

zwit zwit

vogel

spielweisen

II. lebensZeiten

lebenslauf

tik
tik tak
tik tak tuk

brie bra brei
krims krams krums
hoppe hopp

sing sang song
ringel rangel rong
fing fang

hipp hopp hopps
tingel tangel tanz
ring rang

tripp trapp tropp
trieb trab trobb
piff paff

schaffe schaffe schuf-te
schlief schlaf schluff-te
riff raff

prass pross prosit
blies blas blues
schrick schrak

tik tak tuk
tik tak
tuk

stolperweg

stol per stein
stolper stein
stol per stein
stolp er stein
stol perstein
stolper stein
    o
st lperstein
    p
stol er stein
    l
sto perstein
 stolp er stein
stol perstein
    per
stol   stein
   ol
st   per stein
stol perstein
      st
stolper ein
    per
stol   stein
stol per stein
st olper stei n
st olp erstei n
stolperst ein
stolpers tein
    e
stolp rs tein
    p r
stol e stein
stol pers   n
       tei
sto lpe   i
     rste n
   e e
stolp r st in
   o   st
st lper ein
    per
stol   stein
stol per stein

erfahrung

schlami
schlamu
schlamassel
hört man ein
gerassel

schlabi
schlabam
schlabummel
erhebt sich ein
gebrummel

schlammi
schlammü
schlammüssel
kriegst du was auf
den rüssel

schlampi
schlampa
schlampamm
steht unschuldig
das lamm

schlamm-mi
schlamm-di
schlamm-du-(e)sel
was war, das ist
ein rätsel

essen
  essen aß
    essen aß geaßt
      essen esste gegesst
        essen fresste gefresst
         fressen fraß gefraßt
        fressen friß!
        fressen
        iß!

trinken
  trinken trank
    trinken trinkte getrinkt
      trinken trankte getrunken
        trinken trankte betrunken
        tanken tankte betankt
        tanken wankte
        wanken winkte
        wan ken wi
        wa!

essen
  essen aß
    essen aß gefraßt
      fressen fresste gefraßt
        fressen friß! gefressen
        tresen trink! getresen
        tresen trank betrunken
        trinken trank betankt
        tanken tankte gewankt
        wanken wunk
        wan ken wi
        wa!

lebensweisheit per fast-anagramm

es wird nichts so heiß gegessen, wie es gekocht wird
gegessen wird nichts so, wie es heiß(t), es gekocht wird
so heiß es gekocht wird, wird es wie nichts gegessen
        ergo:
so heiß gegessen, wie es gekocht wird, wird es nicht kalt!

Die Zeit läuft mir weg Die Zeit läuft mir weg Die Zeit läuft mir weg
Die Zeit läuft mir weg Die Zeit läuft mir weg Die Zeit läuft mir
Die Zeit läuft mir weg Die Zeit läuft mir weg Die Zeit läuft
Die Zeit läuft mir weg Die Zeit läuft mir weg Die Zeit
Die Zeit läuft mir weg Die Zeit läuft mir weg Die
Die Zeit läuft mir weg Die Zeit läuft mir
Die Zeit läuft mir weg Die Zeit läuft
Die Zeit läuft mir weg Die Zeit
Die Zeit läuft mir weg Die
Die Zeit läuft mir weg
Die Zeit läuft mir
Die Zeit läuft
Die Zeit
Die

Die
Die Zeit
Die Zeit läuft
Die Zeit läuft mir
Die Zeit läuft mir weg
Die Zeit läuft mir
Die Zeit läuft
Die Zeit läuft mir weg
Die Zeit läuft mir weg
Die Zeit läuft mir weg
Die Zeit läuft mir weg
Die Zeit läuft mir we
Die Zeit läuft mir w
Die Zeit läuft mir
Die Zeit läuft mi
Die Zeit läuft m

>

Die Zeit läuft
Die Zeit läuf
Die Zeit läu
Die Zeit lä
Die Zeit l
Die Zeit
Die Zei
Die Ze
Die Z
Die
Di
D
Di
Die
Die Z
Die Ze
Die Zei
Die Zeit
Die Zeit läuft

ende gut

                                                lassen!

                              los
                              los   lassen!
                         los lassen!
                         los lassen!
                       loslassen!
                       loslassen!
                       loslassen!
                       loslassen!
                       loslassen!
                      loslassen!
                     loslassen!
                     loslassen!
                    loslassen!
                    loslassen!
                    loslassen!
                    loslassen!
                    loslassen!
                    loslassen!

wie bloß
dem januar
sein grau versauen?

farbe spritzen in sein ödes gesicht
feuer legen unter seinen müden hintern
seinen lahmen füßen beine machen

all das, bevor ich versauere
in trostloser unlust

nachzeichnungen

ansichtssache

rote karotte
und zwölf schwarze tintenflecken
auf blauem grund

rostiger nagel
über zwölf schwarzen löchern
in blauer wand

leuchtfarbener fisch
samt zwölf schwarzen luftblasen
im blauen ozean

glühender riesenholzscheit
nebst zwölf absteigenden ballons
am blauen himmel

wohl balancierter akt
von rot und zwölfmal schwarz
auf blau

Joan Miro, Bleu II, 1961

buchstaben vielerlei

buchstaben vielerlei
ins graue papier gefallen
schlagen purzelbäume
hüpfen, kreisen, wirbeln
bunten herbstblättern gleich
steigen, vom wind getragen
tanzen, schweben
fallen
in luftige leere
auf sicheren boden –
keiner geht verloren

Iwan Puni, Neue Kunst, 1919

eroberer

unbeirrt
auf seiner zielgeraden
springt kühn und leicht
landeinwärts
ein gedanke
der zu schnellen taten ruft

über seinem kopf
ein mächtig kantiges banner
hineingeklotzt ins
heitere orange des himmels
aufbruch verheißend

Paul Klee, Eroberer, 1930

magisch

blaues wunder
fern und unnahbar
gläsern klarer geist
der nach erkenntnis strebt
zu verbinden
himmel

und

erde
sicherer boden
warm und sinnlich
hingekleckste materie
wo zartes pflänzchen
wurzelt himmelwärts

Paul Klee, Der Niesen, 1915

sitzen

drei frauen
auf harten stühlen
vor schattigem mauerwerk

licht fällt auf tätige hände

haar und braune haut
vor brennender sonne zu schützen
tücher, lange gewänder

gesichtslose köpfe
zur gemeinsamen mitte hin geneigt
wo gedankenloses, emsiges tun

drei generationen von frauen
in scheinbar stummem einvernehmen
über ein zeitlos gültiges gesetz

weibliche geschichte
filigran ins weiße band geklöppelt
tausendfach leben, ungelebt

Louis Toffoli, Les Dentellieres, 1979

tanzen

ausladende hüfte
weicher po, knallrot
schimmernd
im feinen gewebe
verführerisch
der lange haarschwung
die nackte schulter
gestöckelter schuh

mit

hut
auf breitem kopf
verklärtes gesicht
schwarzer anzug
über rot bestrumpftem fuß
das grobe schuhwerk
sicheren schrittes
auf dem parkett

blauer dunst
rhythmus der nacht

Fernando Botero, Der Tanz, 1980

keusches mädchen

als ob im gehen aufgehalten, hat sie
den kopf nach hinten leicht gedreht –
mit sorgfalt um die stirn geschlungen
zwei große tücher, strahlend blau
das haar so nonnenhaft verborgen
wie einen streng gehüteten schatz

Im tageslicht
ein streifen stirn blitzt, leuchtet hell
das blasse gesicht, augen
stellen unaussprechliche fragen

schon fast im schatten
ein ohrring
glitzert silbern

Johannes Vermeer, La Jeune Fille á la Perle, 1665

leben

ins blau geworfen
pralle vielfalt der
figuren, formen, farben:
balanceakt der kontraste
heitere turbulenzen
ozeanisches chaos

leuchtturm hält wacht
am schrägen horizont
saftig rotes rund

Kandinsky, Im Blau, 1925

satt

türme fettes gelb
ins himmelblau gebaut –
wo gestern wogte grün ein meer
jetzt sonnengelbe trockenheit

mittagsluft verströmt sich
wüstenhaft und heiss –
lebendiges sucht schatten
im breiten rücken toter riesen

kühe grasen sich durch stoppeln
menschen strecken sich ins stroh –
kühle suchen die erhitzten körper
erschöpfte muskeln ruhe

zwei sicheln seite an seite, daneben
mann und frau in traumlosem schlaf –
arbeitstiere und leiterwagen warten
brotzeit nicht in sicht

Vincent van Gogh, Das Mittagsschläfchen, 1889/90

still leben

dreifach
saftiges gelb
im tönernen krug:
stille, selbstbewusste schönheit
scheinbar unberührt
von werden und vergehen

dreifach
pralles leben
schon wurzellos –
leuchtende gesichter
stets der sonne zugewandt
finstere schatten meidend

dreifach
freudiges verschenken:
sonnig gelbe wärme
die vom aug zum herzen strahlt
dem heute gänzlich hingegeben
ohne furcht vor morgen

Vincent van Gogh, Drei Sonnenblumen, 1888

still

stehen
drei fische von den fidschis
fett und rot im wasserglas

glotzen
grimmig aus glatter enge
hinaus ins bunte leben

träumen
tausend träume vor sich hin
von noch mehr tollen taten

schweigen
mannhaft ganz nach fischiger manier
vielleicht der malerin zuliebe

stehen
stumm daneben steinkrug und auch schale
lachen sich eins ins fäustchen

Paula Modersohn-Becker,
Stilleben mit Goldfischglas, 1906

teppich

möwen
weben sich ins meer:
flügel zeichnen schwarze muster
ins bewegte nass

schwarm
entflieht ins weite, luftige:
lichte transparenz, gewirkt aus
blau und gelb, rosé und weiß

frau
schreitet mit wasserkrug
am schmalen streifen strand
mensch, klein und unscheinbar

Johannes Itten, Vögel am Meer, 1935

wohin?

des nordens winterliche landschaft
die erde braun und schwer

kahle bäume stehen schlank am weg
wie auf der flucht ein mädchen

bauerntochter in wollig warmer kluft
fest an den leib gedrückt: ihr liebstes gut

schrecken steht gebannt in augen
atemlos die bange brust

vom grau verhangenen himmel
spiegeln wolken sich auf kinderstirn

kaninchen schaut mit angelegten ohren
aus verschränkten armen, sicherem hort

wärmt eine brust die andere
klopft herz an herz

Paula Modersohn-Becker,
Mädchen mit Kaninchen, 1905

stille betrachtung

junge augen im bus
strahlend braun, kajalumrandet,
lächeln nach innen
der stimme im kopfhörer zu

auflösung

zu

kunftspläne

zuckertütchen zitate

zeitungsausschnitte zeugnisse

zeitschriften witze wissen wertvolles werte

werkzeuge weihnachtssterne weckgläser wäschekörbe

wahrheiten vorstellungen vorsätze versprechen verrücktheiten

verpasste gelegenheiten vasen urlaubsfotos urkunden unvollendetes

umzugskartons uhren tüten trostpflaster trockenblumen träume töpfe

todesanzeigen teppichklopfer teppiche tees tatsachen taschentücher

taschen tapetenreste tagebücher tabletten süsses streichhölzer

stecknadeln sprichwörter spott spiegelbilder sparkonten selbst gebasteltes

schnürsenkel schmuckstücke schmuckbänder schimpfwörter rezepte

reiseliteratur putzmittel puppen prinzipien porzellan pokale papier

packkartons notizblöcke noten niederlagen narben nägel nachbarn

münzen medaillen marmeladengläser lügen liebschaften lieblingsmusik

lieblingsfilme kulis küchenmesser kuchenformen kriegsschrecken

krawatten kostbare momente kosmetika koffer kochtöpfe knöpfe kleber

klamotten kisten kinderspielzeug kinderfotos kerzenstummel irrtümer

informationen idole hüte heftklammern haarspangen gummibänder gold

glühbirnen glücksmomente glaubenssätze gläser gewürze geschirr

geschichten geschenkpapier geschenke geldbörsen gedichte fundstücke

freunde fotos festreden feinde familiengeheimnisse etiketten erinnerungen

erfolge erfahrungen eingemachtes eheringe dummheiten dosen

denkzettel den ersten zahn die erste locke deko deckel das erste stofftier

chroniken christbaumkugeln bücher briefmarken briefe brieföffner

bonbons bleistifte bilderrahmen bilder betttücher bausteine baupläne

bargeld ausrangiertes ansichten anfänge anekdoten andenken altes

sternstunde

weihnachten
im großen familienkreis malt
deine enkelin lange nichts
als sterne auf ein leeres
blatt papier

»das ist ein sternenhimmel!«
sagt sie, und
»du kommst zuerst dahin!«
– pause –
»außer ich habe einen unfall!«
steht auf und springt zu ihrem
neuen spielzeug

du lachst, erstaunt,
schaust freundlich in die runde –
wir lachen alle mit:
so leichtfüßig der tod
in unserer mitte
und so tröstlich

du im sternenhimmel –
oder ich

finale in etappen   *(für meine Eltern)*

finale I

am einsamen ort des erinnerns
fordern die gegenstände unser augenmerk

sie, die ein halbes jahrhundert lang
wände, regale und schränke zuerst zierten, dann füllten,
jetzt kunstlos zusammen gerückt und gestapelt
für den unwiderbringlichen abschied –
gnadenlos bestehen sie
auf unserem wertschätzenden blick

mahnen uns eindringlich
der gelebten zeit mit und zwischen ihnen
im kreis der familie zu erinnern
wehmütig
angesichts des brutalen akts der auflösung
der ihnen und uns bevorsteht

am einsamen ort des erinnerns
erobern sich die gegenstände
einen wert zurück, der sich nicht
in geld aufwiegen lässt

finale II

zusammengerollt
im wohnzimmerteppich
jahrzehntelang gesammelte erinnerungen

unzählige abdrücke von kinderfüßen und schuhwerk
spuren von leichtsinn und geschäftigkeit
staub und erdkrumen hineingetreten

die staubsauger waren immer leiser geworden
die fleckenmittel immer schonender
aber wenn es schnee gab, wurde draußen geklopft

sorgsam geflickt von mütterlicher hand
wann immer eine stelle dünn geworden
oder der rand ausfranste

zusammengerollt
im wohnzimmerteppich
jahrzehntelang gesammelte erinnerungen

finale III

die vielen schönen dinge
im unbelebten elternhaus
zur musealen grauen masse verkommen
seit sie
ihres angestammten platzes beraubt
zu erbstücken oder verkaufswaren deklariert
in einem raum zusammengestellt
auf die ihnen zugewiesene zukunft
warten

je länger ihr trauriger anblick
desto mehr schwinden ehrfurcht und staunen
ob ihrer existenz
entstehen ratlosigkeit und auch überdruss

die schönen verwaisten dinge
mit dem unschönen, was sie auslösen
stören meinen, unseren inneren frieden
geistern als unerledigte geschäfte
durch meine nächte

finale IV

ausgewählte erbstücke
suchen ihren neuen platz
im zuhause der tochter –
überraschend
ziehen auch die verstorbenen eltern ein
mit ihren unverkennbaren vorlieben
und ihrem sinn für schönheit
verstärken oder kontrastieren sie
was bereits vorhanden
jetzt
rieche ich den leicht muffigen geruch
alten holzes, alter teppiche
spüre die wirkung gedämpfter farben
im dem mir vertrauten ambiente –
muss mich daran erinnern
dass ich und auch mein heim
trotz aller verwandtschaft
eigen sind

finale V

sechs monate nach
seiner endgültigen verwaisung
ich
mit meinen geschwistern
im weitgehend entleerten elternhaus:
die räume irgendwie größer und abgenutzter
die wände mit schmutziggrauen rändern
von abgehängtem und abgebautem –
der letzte renovierungsanstrich
zeigt auslassungen hinter den schränken
spinnengewebtes hier und dort

dichte vorhänge, jahrzehntelang
garanten unser aller privatsphären,
jetzt in müllsäcken verstaut –
noch an ihren angestammten plätzen
sitzgarnitur und esstisch
letzte hüter meiner, unserer erinnerung
an familiäre zusammenkünfte
freudige und lästige

der rest sind dinge
zum verkauf oder zum verschenken:
diese dinge sprechen kaum noch mit mir
sie sind von mir abgerückt
als gehörten sie schon gar nicht mehr
hierher

>

vor wenigen wochen noch unvorstellbar
ein gemeinsames aufatmen:
endlich, das haus lichtet sich!

noch unangetastet
mütterlich intimes:
ihr bett, parfums und kosmetika
ihre voll bestückte pinwand
und handschriftlich: ihr telefonbuch
ihre rezeptsammlung

trauer überfällt mich erst
beim sitzen allein
im sommerlich blühenden garten

tristesse

winter
tristesse zieht in mein zimmer
wie jedes jahr
zuerst fehlt das licht im außen, dann in meinem innern –
die heizung hilft nur gegen die kälte draußen
(und ich weiß, damit gehöre ich zu den glücklichen)

dieser winter ist anders
dein wärmespendendes licht fehlt
dein strahlen, dein liebevolles wort –
seit du uns verlassen hast
heute vor einem jahr
wachsen eisblumen
entlang der spuren, die dein tod
hinterlassen hat

selten genug
schlagen sich noch tränen nieder
der trauer oder des grimmigen zorns
über dieses monströse virus
verantwortlich für dein einsames sterben
und unser fernes, vergebliches hoffen

unerträglich
die klirrende kälte der fakten
(auch wenn uns einzelheiten erspart blieben) –
hinter dem fenster
schlagen unsere herzen dagegen an:

>

meins und die meiner geschwister
die deiner schwestern und
aller, die dich in liebe erinnern

nur so
allein durch den temperaturunterschied
draußen drinnen
und
durch die fehlende dämmung
gegen den schmerz über deinen verlust
können sie wachsen:
eisblumen
traumhaft schön in ihrem kristallinen gewand
für dich, mama

werden und vergehen

werden

wer denn? was denn?
heute schon, erst
morgen, schon?

vergehen

wer wird denn da gehen?
wer denn und wann?
und wir dann auch?

sterben

was geht denn da noch?
wird das noch was?
oder ist der etwa?

tot

alles geht vorüber
ach, es wird schon wieder!
heile, heile

werden

was wird da nur?
oh, wer wird dann bloß?
und bleibt etwas von uns?

vielleicht

wird
wohl geworden sein
weil doch gewesen
wo schon immer geworden
wurde

vergeht
wer und was geworden
irgendwann, und
wird einmal gegangen
sein

vergangen
wenn wer und was gegangen
wohin auch immer, und
mitgegangen mitgehangen
vielleicht gelangen

dreimal glück

das zweijährige kind
gerade erst aufrecht
vergnügt in eine regenpfütze stapfend –
die mutter, wenige handbreit weiter
planscht munter im grauen nass

zwei engel vertieft in dasselbe spiel

nachwörtlich

versuch

vor allem flüchten mich verpieseln mich ins schneckenhaus
verkriechen oder mich im mauseloch verstecken mich
verkrümeln einfach fortgehen das weite suchen
vom erdboden verschwinden mich
in luft auflösen
pfff…

aussichtslos?

lähmung schleicht
herein durch meine hintertür
und macht sich klebrig breit
in meinen wohligen vier wänden –
tropft über viele stunden schwer
von niedriger decke
glotzt stumpf aus allen ecken
steht breitbeinig da
spiegelbild in allen fenstern
versperrt mir jede aussicht
bewacht jeden ausgang

vielleicht
kommt rettung
von da draußen

aufwachen

wieder einen tag
gelebt

morgens früh aufgestanden
zur arbeit gegangen
kontakte gepflegt
was zu tun war, erledigt
auch zuhause
mein tagessoll erfüllt
bis spät in den abend
emsiges alltagsgrau

in der nacht
holen farbige träume
meine versäumten abenteuer nach –
das ist dann ein glücksfall

november uff pälzisch

november
den kennt mer:
's is' duschter, feischt un kalt
kään sommer mehr halt!

kää licht kummt ins zimmer
aus'm bett will mer nimmer
im fenschter des graue
will den daach ähm versaue

die vöschel morschens sin abgetaucht
singe woannerscht, wo kääner se braucht
des rotkehlsche alää hält uns die treu'
damit ääni wie ich sich kann erfreu'

a stickche sunn! Mich laust de aff –
jetzt awwer uff, de aafang schaff!

november
den kennt mer:
's is' duschter, feischt un kalt
hilft alles nix: kään sommer halt!

sommer

mit freunden
auf einem wanderparkplatz
die campingstühle aus dem alten hanomag
unter die bäume stellen
vogelstimmen lauschen und
uns klitzekleine süßkirschen
in den mund wachsen lassen

freundinnen

f ür mich gibt's immer extra schokolade
  r aus in den garten geht immer, und wenigstens
    e inmal am tag übers feld oder durch den wald schlendern
    u nsere sorgen tragen sich leichter miteinander
    n iemals ohne bücher und blumen im haus
    d ie schönste selbstverständlichkeit der welt
     i m ernstfall ist eine für die andere da
      n eben und mit tieren ist der tag einfach schöner
       n ur jammern macht hässlich, lachen versüßt den tag
      e inmal ist keinmal, auch beim lecker essen
      n achts einen krimi zusammen gucken
      ... oder vorher einschlafen

    dank an meine freundinnen!

achim

ins richtige licht setzen
möchte ich dich
bruderherz

deine herzenswärme
eine sonne für viele, viele

ein strahlender stern
deine großzügigkeit

ein kraftvolles feuer
dein sinn für gerechtigkeit

feuer, stern und sonne
sind schon vergeben –
der mond unerreichbar

also mein licht
für dich

aussichten

was wäre …

wenn anna auf dem rad nach australien flitzte
brigitte vom bauern bananen stibitzte
cesar cesarine nach tunis entführte
dagmar den dackel zum tiger kürte

wenn erika übers ijsselmeer eselsbrücken baute
ferdi flugs ins friesische fjordland abhaute
gottfried nach gold im gartenteich fischte
hanna ihre hasen mit hähnchen aufmischte

wenn inge sich im lauten gelächter verirrte
jasmin mit jade jakob verwirrte
klaus im kloster verböte klausuren
lothar im loft machte einradtouren

wenn mira honig mit mondmilch bedeckte
norbert nießend ein nilpferd erschreckte
olga aufs butterbrot ohrenschmaus schmierte
pia beim paddeln sich ihrer plattfüße genierte

wenn quintus quantus die rechnung quittierte
romulus remus die löwin frittierte
sonja ihr sonnenbad salzig weinte
titus in troja um tore greinte

wenn ulrike das ungereimte von uwe lobte
vera wegen vaseline im weinglas tobte
walter dem wetter das wasser reichte
xing mit xang um die wette feixte

zzzzzzzz, nicht auszudenken!

fraglose wahrheiten

je grüner das gras, desto pesto die sauce
je voller die hose, desto mal die chose

je tiefer das glas, desto blauer die tante
je roter das blut, desto dicker die bande

je größer die läuse, desto übler das filzen
je bunter das laub, desto schöner das pilzen

je höher das korn, desto wogen die felder
je dunkler der wald, desto schwärzer die wälder

je reifer die kirschen, desto länger die leiter
je heißer die stute, desto schneller ihr reiter

je höher das büro, desto fetter die rente
je dicker der frosch, desto quak die ente

je heißer die sonne, desto hüpf die grille
je feiner die halme, desto kille kille

je blum die wiese, desto muh die kuh
je blöder der text, desto ... hören zu

einsamkeitsgipfel 2022

auf dem gipfel
der einsamkeit
lädt bayern seine bürger
und bürgerinnen aufs
ratschebankerl
dort dürfen sie jetzt wieder
– trotz des virus –
zusammensitzen, mit
und ohne buch,
wider die soziale isolation

abgeschaut haben
sichs die bayern vom nachbarn:
im ländle hat der seniorenrat
schwätzbänkle
aufstellen lassen
für mehr soziale wärme
auch zwischen wortkargen –
es heißt, sie würden
gut angenommen

lasst uns alle
ein beispiel daran nehmen:
bringt sie wieder her, die
babbelbänkscher,
die wegrationierten
bänke zum dreschen,
zum klönen und schnacken
in parks und bahnhöfen,
auf plätzen, unter straßenbäumen

legt selbst hand an
für mehr miteinander
während experten
in einsamkeitsministerien
auf gepolsterten stühlen
unsere einsamkeiten
verhandeln

mensch!

appell an jung und alt
(für k.w., liedermacher)

mensch!
angesichts des namenlosen unrechts, das tagtäglich geschieht
im namen des rechts, der freiheit und der moral
mensch bleib mensch!

besser,

vor zorn zu beben und laut dich gegen unrecht zu wehren
als schreckensbleich und stumm dich von ihm abzukehren

mutig und frech deine ganze wahrheit zu sagen
als ängstlich den schwanz einzuziehen, nichts zu wagen

fehlerfreudig für etwas zu streiten und selbst zu handeln
als freud- und fehlerlos zu schweigen, untätig umher zu wandeln

lieber,

mit anderen träumend eine neue welt zu erfinden
als im elfenbeinturm nur um dein selbst dich zu winden

großzügig dich ans leben zu verschenken
als stets zuerst dein kleines wohl zu bedenken

als kämpferischer verlierer aufrecht zu stehen
denn als würdeloser sieger vom platze zu gehen

>

besser,

übermütig, verrückt oder spinnert in unsere welt zu schauen
als angepasst, verzagt und brav an deiner sicherheit zu bauen

mit trauer zu scheitern an der eigenen ohnmacht
als mit macht andere zu missbrauchen, dass es kracht

den sogenannten gewinnern trotzig gern als versager zu gelten
als selbst die verlierer des systems schuldig zu schelten

lieber,

mit weitem herzen zärtlich die welt zu umarmen
als verzweifelt vor ihr weg dich zu ducken ohne erbarmen

in unbändiger lust am leben zu vergehen
als gebändigt alles lebendige sterben zu sehen

widerständig und als rebell lebendig
als lebendig begraben und tot

krönung

```
u                 t                 t                 u
z    f           is                is           f    z
     r    g       ■        g        ■        g   r
h  n  a   i   ■   h   ■    i    ■   h   ■    i   a  n  h
o  i  d   n d r o t n n n  t o r d n   d i o
r  e  e s e n e r s i ö i s r e n e s e e r
f  s  b e w u w f i e k e i f w u w e b s f
```

froh zu sein bedarf es wenig und wer froh ist ist ein könig

.inhalt

spielweisen: verLautbarungen

spielweisen: lebensZeiten

MÄUSE

(KATZENJAMMER)

Wenn ~~ich~~
wieder mal
~~jagen~~ ~~hocken~~ ~~vor~~
deine ~~streunenden~~ Katzen
~~die~~ ~~Augen~~ ~~auskratzen~~ im Mäuseloch jagen
wo ~~und~~ ~~oder~~
~~bellen~~ ~~mir~~
deine ~~elenden~~ Hunde
mir die Ohren voll ~~bettenjaulen~~
~~bis ich~~ ~~taub bin~~
~~für alle schöne~~ ~~Liebe~~   wünscht ich mir
für alles ~~schöne~~   ich wär ein Huhn
~~bleck und~~   und flög dir
~~taub~~
~~wünscht ich~~ ~~mir~~ ~~so~~   einfach
ich war ein wildes Tier   laut gackernd
und ~~kürnst~~
als Löwe   davon
~~möchte~~ ~~dich~~ dir
mit einmal brüllen
~~dich~~ ~~ganz~~ ~~verjagen~~ ~~voll Angst verjagen~~
als Elefant   oder
dir
lachend ~~prusten~~
in dein ~~graues~~ Gesicht ~~prusten~~

als

wünscht ich ~~mir~~
ich war ein ~~fettes~~ Schwein
und ~~größte~~ ~~begrübe~~ dich
~~wölbte~~
lachend i
~~von~~ ~~Schlamm~~
unter mir ein

3/2·96

Winter Schluß verkauf

alles muß raus

~~Weil der Winter~~

wer ~~ihn~~ kauft gewinnt

(Sommer) auf Windeseile

~~Verkauf~~
~~Kalte~~ Wind weht auch jetzt

~~Sommer~~ heute Kauft
~~Winter~~
Winte

Wint

Win

Wi

W.

~~Wann ist der Sonnwende~~
Wieviel kostet der Sommer?

weht
Kauf
sieht